À mon Père, à ma Mère.

Amour et Reconnaissance.

—

À mes Parents, à mes Amis.

Amitié sincère et Dévouement,

1846

ACTE PUBLIC

POUR LA LICENCE

En exécution de l'art. 4, tit. 2, de la loi du 22 Ventôse an XII,

soutenu par

M. Bailly (Charles-Édouard),

NÉ A MARSEILLE (BOUCHES-DU-RHONE).

Jus Romanum.

—

JUST. INST. LIB. III. TIV. II.

De legitimâ adgnatorum successione.

Defuncti hereditas suis heredibus primo ordine accedebat, secundo verò adgnatis; nullis ex his exstantibus ad gentiles propriè refluebat.

Nullo igitur suo hærede superstite, adgnatos lex 12 tabularum ad successionem vocabat. Scimus autem non solos esse suos heredes quos sic propriè jus civile constituerat ; sed etiam quos prætor vel constitutiones vicissìm in hunc numerum introduxerant.

Adgnati sunt qui per virilis sexûs personas cognatione conjuncti, quasi à patre cognati. Itaque ex eodem patre nati fratres, et qui ex duobus fratribus, seu consobrini, adgnati sibi sunt ; nec non et ii qui mortuo patre nascuntur.

— 4 —

Legitima hereditas tantùm proximo defertur adgnato ; et ab ipsâ
lege 12 tabularum sic prœceptum fuerat : « *agnatus proximus fami-*
liam habeto ». Æstimatur autem proximus eo tempore delatæ hereditatis ; quapropter si nullum factum est testamentum , proximus
intelligitur, qui tunc fuit , cùm paterfamiliâs moreretur ; si factum
est testamentum, qui tunc, cùm certum esse cœpit ex eo testamento
heredem existere non posse : quod infrà uberiùs exponam.

Adoptione quoque fiunt adgnati ; Et ille qui adoptatur iisdem fit
adgnatus, quibus pater ipsius adgnatus fuit, legitimamque hereditatem consequitur, vel ipsi illius. Cæterùm etsi adoptati , propriè
consangninei non sunt ; jus tamen consanguinitatis , et propter
hoc legitimæ successionis, cum aliis qui sunt in familiâ, habent, atque
hujus effectus intuitu etiam fratres adoptivi consanguinei vocantur.
Post divisionem à Justiniano positam , soli ex adoptivis jus consanguinitatis et adgnationis in familiâ adoptivâ nanciscuntur, qui adoptati sunt à personâ non extraneâ.

Adgnatus proximus etiam longissimo gradu , acquirit hereditatem : Femina verò, nisi ipsæ consanguinitatis jure , ipsam accipit,
id est si soror sit. Multùm enim differunt consanguinitas et adgna-
tio , et quia post consanguineas , muliebris sexûs personæ , licet
adgnatæ essent, non admittebantur, adgnatos desinierunt esse virilis sexûs personas , duoque quasi ordines ex uno sic facti sunt :
cùm anteà lex 12 tabularum, omnes per virilem sexum cognatos
uno adgnatorum nomine appellâsset, et proximis ex his sine ullâ
sexûs aut consanguinitatis discretione detulisset hereditatem.

Mediâ autem jurisprudentiâ, amitæ nostræ hereditas ad nos pertinet, nostra verò non similiter ad eam jure pervenit. Prudentibus
enim visum erat , utilius esse ac rationi magis consentaneum , ut
hereditates ad masculos potiùs quàm ad feminas pervenirent, non
tantùm quia masculi reipublicæ magis prosunt, dùm aut bella ge-
runt, aut sacra faciunt, aut muneribus publicis funguntur; verùm
etiam et potissimùm , quia familiæ quæ in feminis intereunt, per
mares conservantur et propagantur (Vinn.).

Sed quia sanè iniquum erat eas in universum quasi extraneas repelli , prætor eas ad honorum possessionem admittit, quæ vocabatur undè cognati : quo jure , adgnato nullo , nec proximiore cognato superstitibus , ad hereditatem femina admittebatur. In ordine verò adgnatorum , etsi proximitas etiam spectatur, dùm adgnati inter se conferuntur, ea tamen non spectatur, quandò conferuntur cum cognatis ; quippè quibus omnibus solo jure adgnationis præferuntur etiamsi ipsi sint longè remotiores. Justinianus verò in suâ constitutione ad duodecim tabularum jus revertitur : quâ jurisprudentiâ feminæ omnes adgnatæ gradu proximiores , adgnatis masculis remotioribus præferuntur. In quo pleniùs ipsis consuluit, quàm prætor, qui adgnatos remotiores, consanguineos ne in ordine quidem adgnatorum admisit, sed demùm post omnes adgnatos vocavit, ordine tertio inter cognatos et post cognatos proximiores.

In numerum quoque adgnatorum introduxit Justinianus fratres sororesque uterinos ergà successionem fratris, perindè ac si essent adgnati ; et constitutione posteriore, idem jus consecuti fuerunt liberi consanguineorum uterinorumque , primos gradus in familiâ tenentes ; ut non solùm fratris filius et filia ad successionem patrui , sed etiam germanæ , consanguineæ vel uterinæ filius et filia soli , ad avunculi sui perveniant ; solos verò filios et filias sororis, qui in tertio cognationis gradu sunt, cum adgnatis ejusdem gradûs ad legitimam successionem vocat Justinianus, non ulteriores cognatos. Soboles ergò ab utroque latere ad patrui successionem similiter et pari jure veniunt, scilicet ubi defuncti frater et soror superstites non sunt. Hoc quoque mutatum jure novissimo unâque cùm fratribus et sororibus defuncti admitti germanorum fratrum et sororum filios et filias jure repræsentationis, ut in stirpes veniant. Eodem jure non solùm fratres germani, sed etiam eorum de mortuorum filii præferuntur fratribus defuncto conjunctis ex uno latere tantùm. Repudiantibus enim vel deficientibus primis, succedunt et admittuntur proximi graduum sequentium.

Scimus autem apertè à lege vocari proximum, si plures sint gra-

dus adgnatorum. Voluit ergò lex in ordine adgnatorum servari gradûs præerogativam, et solos proximos hereditatem capere ; eaque
causâ est, cur inter adgnatos semper in capita, non in stirpes hereditas dividatur. Lex duodecim tabularum numero singulari proximum
vocat, non quòd, si plures sint pari gradu, neminem admitti voluit,
quod esset ridiculum ; sed quia prœvidere non potuit quot quisque
adgnatos relicturus esset. Quòd si ergò plures sint ejusdem gradûs,
ex mente legis omnes æqualiter admittuntur. Simili modo cùm lex
adgnato proximo tutelam defert, si plures sint eodem gradu adgnati,
pariter omnibus deferre intelligitur.

Quo tempore proximitas spectatur nunc loquamur. Cùm quæritur
quo tempore spectandum, sive an quis suus sit, sive an proximus adgnatus cognatusve, dicendum quidem est, semper spectari tempus delatæ ab intestato hereditatis. Cæterùm hoc tempus non semper unum est et idem. Interest enim, utrùm is de cujus bonis
quæritur, nullo testamento facto decesserit (quod tunc quoque intelligitur, cùm aut non jure fecit, aut quod fecit, ipso adhùc vivo
eversum est), an facto jure testamento, quod demùm post mor-
tem ejus in irritum constituatur : Priore casu proximus remanet, qui
tunc fuit, cùm paterfamiliâs moreretur, quia hic tempus delatæ
hereditatis cum tempore mortis concurrit posteriore casu, ille qui
tunc est, cùm testamentum defertur, quia mortuo patrefami-
liâs testamento facto, non antè hereditas ejus ab intestato deferri
incipit, quàm certum est, neminem ex eo testamento heredem
exstiturum.

Veteri jurisprudentiâ vigente, in legitimis hereditatibus non erat
locus successioni, hoc est, proximo repudiante vel deficiente, ad
insequentem adgnatorum gradum ex lege hereditas non transmit-
tebatur. Quid si plures sint eodem gradu adgnati et quidam ex his
omiserint hereditatem, vel morte, vel aliâ ratione impediti fuerint,
quominùs adirent ? Reliquis, qui adierint, illorum portio adcres-
cit, et licet decesserint antequàm adcresceret, ad heredes tamen
eorum pertinet. Constitutione Justiniani hoc cautum, ut, adgnato

proximo hereditatem sibi delatam repudiante, admitterentur ex eodem ordine gradus sequentes, exclusis cognatis etiam proximioribus : Atque ità auctius factum est jus adgnatorum. Hodiè verò nullus est hujus beneficii usus ; cognati enim adgnatis Novellis exæquat sunt.

Est etiam altera legitima successio quæ parentùm vocatur. Parens autem hic , non ut parens, sed ut manumissor patronus consideratur : Ad legitimam successionem vocatur parens, qui contractâ fiduciâ, filium vel filiam, nepotem vel neptem ac deinceps emancipat (Justin. Lib. II. Tit II § 8). Scimus autem, Justiniano regnante, omnes contractâ fiduciâ esse emancipationes. Ille enim imperator imaginarias illas antiquæ emancipationis solemnitates sustulit, salvo tamen jure antiquo patris manumissoris , ut scilicet adhùc ad legitimam hereditatem filii vocetur, cæteraque jura patroni consequatur, périndè ac si contractâ fiduciâ eum emancipàsset.

Droit Civil.

—

LIV. I , TIT. V. — Du mariage.

(Art. 180 à 228.)

Le code, dans la matière que nous devons traiter, comprend cinq chapitres ; mais comme quelques-uns de ces chapitres nous paraissent contenir des dispositions qui ne s'accordent pas parfaitement avec la rubrique, nous croyons devoir examiner successivement, pour plus de netteté, les demandes en nullité de mariage, le mariage putatif, les obligations qui naissent du mariage , les droits et devoirs respectifs des époux, l'autorisation maritale, la dissolution du mariage, les seconds mariages.

Cette matière sera donc par nous divisée en sept sections.

SECTION PREMIÈRE.

Des demandes en nullité du mariage.

Après avoir déterminé les formes et les conditions du mariage, la loi sanctionne les règles qu'elle a tracées, tantôt en infligeant une peine à ceux qui les ont violées, tantôt en prononçant la nullité du contrat formé au mépris de l'accomplissement de ces conditions.

Le mariage n'est jamais nul de plein droit, sauf peut-être le cas de mort civile : il y a toujours un acte public qu'il faut détruire. La loi remet aux tribunaux le soin d'apprécier la gravité des faits allégués : c'est à eux seuls qu'il appartient de décider s'ils emportent nullité, et si, d'ailleurs, cette nullité n'a pas été couverte par des actes postérieurs.

Les nullités du mariage peuvent être absolues ou relatives ; occupons-nous successivement des unes et des autres.

NULLITÉS ABSOLUES.

Elles sont au nombre de six.

1° *Défaut de puberté.* — On conçoit facilement que le défaut d'âge compétent soit une nullité absolue. En effet, le but principal du mariage ne serait pas rempli. Cependant cette nullité peut être couverte de deux manières : 1° lorsqu'il s'est écoulé six mois depuis que l'époux ou les époux qui n'avaient pas l'âge requis l'ont atteint ; 2° lorsque la femme impubère a conçu avant l'échéance de six mois (art. 185.)

Cette nullité peut être invoquée par tous ceux qui y ont intérêt, et par le ministère public.

2° *Bigamie.* — Cette nullité touche de trop près à l'ordre public et aux bonnes mœurs, pour qu'aucun laps de temps, aucune circonstance puisse la couvrir.

Tous ceux qui peuvent demander la nullité du mariage pour défaut de puberté, le bigame lui-même, sont admis à faire prononcer la nullité d'un mariage contracté au mépris d'un autre engagement.

Le ministère public pourra-t-il, au retour de l'absent, demander la nullité du second mariage contracté par son conjoint? La difficulté provient de ce que l'art. 139 donne à l'absent seul le droit d'attaquer le second mariage, et que les art. 184 et 190 donnent ce droit et imposent même cette obligation au ministère public.

Quoique ces textes soient en apparence inconciliables, il faut décider que le ministère public peut demander la nullité du second mariage. La morale publique aurait trop à souffrir du scandale qu'occasionnerait une pareille infraction aux mœurs.

3° *Inceste.*—La nullité est aussi perpétuelle, et peut être demandée par toutes les personnes ci-dessus désignées, même dans le cas où des dépenses auraient pu être accordées.

4° *Défaut de publicité.*—Un mariage nul pour défaut de publicité est une infraction aux lois. Aussi, celui qui réclame le titre d'époux ou les effets civils de mariage, doit représenter un acte de célébration écrit, attesté par des témoins et par l'officier de l'état civil *compétent.* Une possession de quelque nature qu'elle fût, ne saurait dispenser de présenter le titre. Mais corroboré par un titre, le contrat devient irréfragable. Nous verrons plus loin quelles sont les preuves du mariage.

Il est cependant reconnu que le défaut des publications qui doivent précéder le mariage, n'en entraîne pas la nullité. L'officier public sera, sur la poursuite du procureur du roi, condamné à une amende dont le maximum est de trois cents francs. Les parties contractantes seront aussi frappées d'une amende proportionnée à leur fortune.

5° *Incompétence de l'officier public.*—L'officier public est incompétent lorsque aucune des parties n'a son domicile, relativement au mariage, dans la commune où il exerce ses fonctions, ou lorsqu'il célèbre le mariage hors de cette commune.

Il n'y a pas mariage, mais commerce illicite, entre des personnes dont l'engagement n'a pas été formé devant l'officier civil compétent, témoin nécessaire du contrat; le mariage est alors radicalement nul.

La cour de cassation a toutefois abandonné à l'appréciation des tribunaux la règle touchant la compétence de l'officier public.

6° *Mort civile.*—Cette nullité résulte de l'art. 25, qui dit : *Le mort civilement est incapable de contracter un mariage qui produise aucun effet civil.*

Toutes les nullités absolues que nous venons de parcourir peuvent être invoquées par les collatéraux, ou par les enfants nés d'un autre mariage. Mais l'art. 187 leur prohibe l'exercice de cette action, dans le cas où les deux époux sont vivants, et ne le leur permet que quand il y a intérêt né et actuel.

NULLITÉS RELATIVES.

Examinons maintenant les nullités relatives. Elles sont au nombre de deux.

1° *Défaut de consentement libre des époux ou de l'un d'eux.*

Le mariage étant une union perpétuelle et indissoluble, il est évident que ceux qui le contractent, ne doivent pas y être réduits par la violence. Que de maux, que de désordres intérieurs n'entraînent pas les mariages ainsi contractés sous l'empire de la crainte !

Mais le défaut de liberté dans le consentement peut provenir aussi de l'erreur sur la personne du conjoint. Observons ici que c'est l'erreur sur la personne physique, ce que l'on appelle *error in personam,* qui peut seule vicier le contract; comme si l'on épouse une personne croyant en épouser une autre. L'erreur sur les qualités, sur la position sociale de cette personne, ne serait pas un motif suffisant pour faire annuler le mariage. S'il en était autrement, quel est le mariage qui ne serait pas entaché de nullité ?

La personne qui prétend n'avoir pas été libre est le premier et le

meilleur juge pour déclarer si sa volonté n'a pas été contrainte. L'ac=
tion appartient donc à celui des époux dont le consentement a été
vicié ou qui a été induit en erreur.

Mais il ne fallait pas laisser aux parties un temps indéterminé
pour demander cette nullité : aussi le législateur a-t-il déclaré dans
l'art. 181 que la demande en nullité résultant du défaut de consentement libre ne sera plus recevable, s'il y a eu cohabitation entre
les époux, et que cette cohabitation ait continué pendant six mois,
à partir de l'époque où l'époux a acquis sa pleine liberté ou que l'erreur a été par lui reconnue.

    2° *Défaut de consentement des père et mère, des ascendants ou du*
        conseil de famille, dans le cas où ce consentement était nécessaire.

.La faculté de contracter mariage laissée à l'arbitre des enfants eût
été une source perpétuelle de désordres. On conçoit aisément jusqu'où pourrait aller l'effervescence du jeune âge, si la loi n'avait
donné aux parents, dans de certaines limites, le droit de contrôler
le choix d'un époux. Leur expérience et leurs sages conseils, et,
s'il en est besoin, leur autorité, doivent intervenir pour diriger
une jeunesse que la fougue de la passion empêche de raisonner,
et qui peut, par une démarche imprudente, compromettre le bonheur
de plusieurs existences.

Les parents exercent donc sur la personne de leurs enfants une
partie de la puissance publique. C'est à eux de voir s'ils doivent
ou non donner le consentement nécessaire à la validité de leur mariage.

Mais le législateur aurait vainement tracé des formalités à suivre,
si e un sanction ne venait pas faire respecter sa volonté, en prononçant la nullité d'un mariage dans lequel elle aurait été méconnue.
Si les enfants ont poussé l'oubli de leurs devoirs jusqu'à ne pas demander le consentement dans le cas où il est exigé, le mariage est
attaquable par le père ou la mère, par les ascendants ou par le
conseil de famille, et de plus par celui des époux auquel le consentement était nécessaire.

Cette nullité est couverte à l'égard de tous ceux qui auraient pu s'en prévaloir, toutes les fois que le mariage a été approuvé expressément ou tacitement par ceux dont le consentement était nécessaire, ou qu'il s'est écoulé une année sans réclamation de leur part depuis qu'ils ont eu connaissance du mariage.

L'époux qui, lors du mariage, avait besoin du consentement, n'est plus recevable à demander la nullité fondée sur cette cause, lorsqu'une année s'est écoulée sans réclamation de sa part depuis qu'il a atteint l'âge compétent pour consentir par lui-même au mariage.

L'intérêt étant la mesure des actions, les collatéraux ne peuvent pas invoquer la nullité du mariage pour défaut de consentement des parents ; car leur intérêt ne naît qu'à la mort de l'un des époux.

Lorsque nous avons parlé du défaut de publicité, nous avons dit qu'une possession, quelle qu'elle soit, ne peut dispenser de présenter le titre. Ceci nous amène à parler des preuves du mariage que le législateur a consignées dans les art. 197 à 200.

Les preuves du mariage sont différentes, selon qu'il s'agit des époux ou des enfants.

Pour les époux, rien ne peut suppléer à la représentation du titre : c'est donc la condition indispensable pour qu'ils puissent établir le fait de leur mariage. La preuve de la célébration du mariage résultant d'une voie criminelle ou civile établira, par la substitution du jugement à l'acte du mariage, tous les effets civils du mariage, en faveur des époux et des enfants, à compter du jour de la célébration.

Il eût été ridicule d'exiger la représentation du contrat de la part des enfants qui ne sont pas obligés de connaître le lieu ni les circonstances dans lesquels leurs parents ont contracté mariage. Aussi la loi s'est-elle montrée plus indulgente à leur égard ; elle leur permet de prouver leur légitimité par leur seule possession d'état.

Trois conditions sont nécessaires pour que cette possession d'état soit admissible : La première, que les père et mère aient vécu publiquement comme mari et femme; la deuxième, qu'ils soient tous les deux décédés; la troisième, que cette possession d'état ne soit pas contredite par l'acte de naissance.

Les art. 139 et 200 déclarent que tous les intéressés et le procureur du roi peuvent faire déclarer valable le mariage contracté par deux époux décédés sans connaître la fraude. La loi leur accorde à cet effet le droit d'intenter une action criminelle. Que si l'officier public est décédé, les parties intéressées anront le droit de poursuivre les héritiers, de réclamer d'eux des dommages-intérêts et de faire déclarer la validité du mariage. Mais la poursuite directe de la part de ces parties ne serait pas valable : elles doivent s'adresser au procureur du roi, qui seul a le pouvoir d'actionner l'officier public.

SECTION II.

Du Mariage putatif.

Le mariage putatif est celui qui est entaché de nullité, mais que les deux époux ou l'un d'eux ont cru valable en le contractant.

Pour faire attribuer les effets civils du mariage légitime à ceux qui ont contracté un mariage putatif, il faut trois conditions : la bonne foi, l'observation des formalités voulues par la loi, et l'erreur excusable. Les tribunaux sont souverains appréciateurs des circonstances. — Si un seul des époux est de bonne foi, le mariage ne produit les effets civils qu'en faveur de cet époux et des enfants issus du mariage. Quant à l'époux de mauvaise foi, il n'aura aucun des droits produits par le mariage. Ainsi, il ne pourra réclamer les avantages qui lui ont été faits par son conjoint, encore que ses avantages aient été stipulés réciproques, ni succéder à ses enfants.

Section III.

Des obligations qui naissent du Mariage.

En contractant mariage, les époux se soumettent à l'obligation d'élever les enfants qui naîtront de leur union , et de leur fournir les aliments nécessaires jusqu'à ce qu'ils soient en état de pourvoir par eux-mêmes à leurs besoins.

Les aliments comprennent la nourriture, le vêtement, le logement , en un mot tout ce qui est regardé comme nécessaire au soutien de l'existence.

L'éducation diffère selon le rang que les enfants sont destinés à occuper dans la société. Dans la classe pauvre, l'obligation des parents se borne à faire apprendre un métier à leurs enfants. Plus la classe est élevée, plus les exigences se multiplient.

Le droit romain avait accordé une action aux filles pour demander une dot; le droit coutumier disait au contraire : *Ne dote qui ne veut.* Les rédacteurs du code ont consacré cette dernière maxime , considérant qu'il serait dangereux d'armer les enfants d'un droit dont ils pourraient abuser.

De même que les parents doivent des aliments à leurs enfants , ceux-ci sont aussi tenus de nourrir ceux qui leur ont donné l'existence. Le Code établit également entre les beaux-pères, belles-mères, beaux-fils et belles-filles, l'obligation réciproque de se fournir des aliments.

Les aliments doivent être fournis dans la proportion des besoins du bénéficiaire, et des moyens de celui auquel incombe cette obligation. D'où il suit que l'état de l'un ou de l'autre venant à changer, l'obligation doit subir une modification en harmonie avec le changement d'état.

Si la personne qui doit payer la pension alimentaire est hors d'état de la fournir, elle peut demander au tribunal la permission de recevoir chez elle le bénéficiaire et de l'entretenir. Le Code accorde également aux père et mère la faculté de payer à leurs enfants une pension alimentaire, ou de les recevoir chez eux.

SECTION IV.

Des droits et devoirs respectifs des époux.

Les époux , dit l'article 212 , se doivent mutuellement fidélité , secours, assistance. Fidélité , car au moment du mariage , ils se sont juré un amour sans bornes, comme sans partage. L'infidélité de sa femme est considérée , à juste titre, par la loi, comme bien plus grave que celle du mari , à cause des conséquences qu'elle puet entraîner.

Les époux doivent se porter secours , et s'assister par tous les moyens qui sont en leur pouvoir.

La puissance physique et intellectuelle de l'homme, lui donne droit à l'obéissance de la femme : la faiblesse de la femme fait un devoir à son mari de l'entourer d'une aimante protection.

De ces principes découle cette conséquence , que la femme doit habiter avec son mari et le suivre partout où il juge à propos de résider , même en pays étranger. Il faut admettre cependant que si une loi politique prohibait l'émigration , la femme ne serait pas tenue de suivre le mari ; car l'obéissance de la femme ne doit pas être passive, mais éclairée ; et un ordre illégal ou immoral du mari la relève envers lui de l'obéissance promise.

Dans le cas où , sans motifs légitimes, la femme refuserait d'habiter avec son mari ou de le suivre au lieu de sa résidence , la loi donne au mari la faculté de refuser des aliments à sa femme, et de saisir ses revenus.

Le mari doit recevoir sa femme , la traiter convenablement , et lui fournir tout ce qui lui est nécessaire, selon ses facultés et son état.

SECTION V.

De l'autorisation maritale.

Le mari étant le chef de la société conjugale, la femme ne peut faire aucun acte de nature à modifier sa fortune, sans avoir préalablement obtenu son approbation.

Permettre à la femme d'ester en jugement sans être autorisée par le mari, c'eût été lui donner le pouvoir de compromettre sa fortune, et partant celle de son mari. Le législateur lui défend aussi d'aliéner, d'hypothéquer, d'acquérir à titre gratuit ou onéreux, sans y être autorisée par écrit, ou par le concours du mari dans l'acte. La femme, en effet, n'a pas assez de lumières et d'expérience pour bien apprécier les diverses conséquences que peuvent avoir ses actes : car, même une acquisition peut lui paraître avantageuse, qui, à des yeux plus éclairés, sera onéreuse et nuisible. Ce principe d'autorisation ne souffre exception, que lorsque la femme est poursuivie en matière criminelle ou de police.

La faveur que mérite le commerce a fait admettre que la femme mariée, quand elle est marchande publique et qu'elle fait un commerce séparé de celui de son mari, peut s'obliger sans son autorisation : mais cette autorisation lui est nécessaire pour entreprendre le commerce.

La femme peut tester sans être autorisée par le mari ; car alors il ne s'agit plus d'actes entre vifs.

L'autorisation générale n'est pas valable même quand elle serait stipulée par le contrat de mariage, sauf pour ce qui regarde l'administration des biens de la femme (223). Elle doit être spéciale et renouvelée à chaque instance judiciaire. Si le mari refuse, sa femme peut demander l'autorisation à la justice. A cet effet, elle fait citer son mari devant le tribunal de première instance de l'arrondissement du domicile commun. Le tribunal accorde ou refuse, selon qu'il le juge convenable, après avoir entendu le mari, ou lui dûment appelé.

Dans tous les cas où le mari est placé dans l'impossibilité physique ou morale de donner son consentement, le ministère public, protecteur-né des mineurs et des femmes mariées, doit demander l'autorisation.

L'art. 225 déclare que la nullité fondée sur le défaut d'autorisation est une nullité relative qui ne peut être opposée que par la femme, par le mari, ou par leurs héritiers.

Cet article est une dérogation à l'ancien droit, sous l'empire duquel cette nullité pouvait être invoquée même par ceux qui avaient contracté avec la femme. C'est avec raison que la loi nouvelle ne regarde cette nullité que comme relative. — Elle présume, en effet, les tiers, d'avoir abusé de l'incapacité et de l'inexpérience de la femme : il doit leur suffire qu'on ne sévisse pas contre eux.

Du principe que la nullité est relative, il résulte qu'elle peut être couverte par la ratification expresse ou tacite.

SECTION VI.

De la dissolution du mariage.

Le mariage, dit l'article 227, se dissout par la mort de l'un des époux, par le divorce légalement prononcé, par la condamnation devenue définitive de l'un des époux à une peine emportant mort civile.

La loi du 8 mai 1816 ayant aboli le divorce, il ne nous reste à examiner que les deux autres causes de dissolution.

Pas de difficulté pour la mort naturelle.

Quant à la mort civile, elle dissout le mariage relativement à ses effets civils. Il n'est pas au pouvoir de la loi de détruire ses effets religieux et naturels.

Dans le cas d'une condamnation contradictoire, c'est de l'exécution soit réelle, soit par effigie que commence la dissolution du mariage. Si elle est par contumace, nous croyons que la mort civile n'étant encourue qu'après les cinq années qui suivent l'exé-

3

cution des jugements par effigie , et qui constituent ce que l'on appelle le délai de grâce , ce n'est qu'après ces cinq ans que le mariage doit être regardé comme dissous.

Section VII.

Des seconds mariages.

La femme, aussi bien que le mari , a la faculté de contracter un second mariage , lorsque le premier est dissous.

Mais la loi a sagement prévu les conséquences que pourrait avoir un second hymen contracté aussitôt après la dissolution du premier. Outre les motifs de convenance qui font un devoir à la femme de respecter , pendant un certain temps, la mémoire de son époux : d'autres considérations plus graves, la conception probable d'un enfant du mari décédé, mettent obstacle au convol subit en secondes noces de la part de la femme.

Le législateur a déclaré que la femme ne pourrait se remarier que dix mois après la dissolution du premier mariage. Ce temps écoulé, il est certain que ce mariage ne produira pas de fruits.

Quant au mari, l'inconvénient n'était plus le même. La loi n'a pas fixé de délai à son égard. Elle a cru plus convenable de laisser à ses regrets et à sa sagesse toute latitude à ce sujet.

Code de Procédure civile.

—

LIV. II, TIT. XIX.

Des réglements de juges.

Nous croyons que le réglement de juges doit être défini de cette manière : Une action par laquelle nous investissons une juridiction

supérieure, pour qu'elle déclare quelle sera , de deux juridictions in-
férieures qui en dépendent, celle qui conservera la demande dont
elles sont saisies simultanément.

Ainsi, j'assigne devant le tribunal de commerce une personne ayant
contracté une obligation , selon moi, commerciale : cette personne
m'assigne à son tour devant le tribunal civil, déclarant qu'il n'y a
aucun lien commercial dans l'obligation qu'elle a contractée envers
moi. Evidemment, ici nous sommes dans le cas où un réglement de
juges peut être proposé ; car ici se trouve applicable l'art. 363, un
différend est porté simultanément devant deux tribunaux.

Mais le conflit entre les juridictions saisies peut être négatif ou
positif : le conflit est positif quand deux tribunaux se sont déclarés
compétents sur la même affaire. Il est négatif quand ils se sont tous
les deux déclarés incompétents, avec cette précision , toutefois, qu'il
faut que l'affaire soit du ressort d'une des deux juridictions saisies.

Le Code de Procédure admet aussi l'exception d'incompétence, pour
faire déssaisir un tribunal mal à propos saisi, soit du fait des juges,
soit du fait des parties , de la connaissance du litige. Mais les avantages
qu'offre le réglement de juges, sont de beaucoup supérieurs à ceux
que présente l'exception d'incompétence, et, pour n'en citer que deux
principaux : il est porté devant un tribunal supérieur qui fait aussitôt
cesser le conflit : il fait surseoir à toutes instructions et procédures.

Quatre cas peuvent donner lieu à la demande en réglement de
juges : 1° litispendance ; 2° connexité ; 3° rejet d'une déclinatoire tendant à obtenir le renvoi devant un tribunal du ressort d'une autre
cour royale ; 4° enfin, conflit négatif.

Nous allons parcourir rapidement les dispositions qui peuvent se
rattacher à chacun de ces cas :

1° *Litispendance.* — La demande est admissible quand il n'y a pas eu
de jugement prononcé sur le fond, par l'une des juridictions, et passé
en force de chose jugée. Si l'une d'elles a jugé, elle a épuisé son pouvoir, elle est des saisie. Il n'y a plus alors procès pendant devant deux
tribunaux. Partant il n'y a plus lieu à réglement de juges.

Mais si la sentence sur le fond n'est pas souveraine, peut-on demander le réglement de juges ? Nous adoptons l'affirmative sans hésiter, dans le cas où il y a eu appel. Nous déciderions de même, quoique la question soit plus douteuse, dans le cas où, sans faire appel, mais dans les délais pour proposer cette voie de recours, on a demandé le réglement de juges ; avec cette précision que si le premier tribunal est reconnu avoir jugé incompétemment, l'appel est recevable contre sa décision ; si la juridiction supérieure saisie de la demande en réglement, a déclaré, au contraire, que le tribunal a jugé compétemment, l'appel n'est plus recevable, à moins, bien entendu, que l'on ne soit encore dans les délais utiles pour le proposer : nous voulons dire que la demande en réglement de juges proposée à tort, n'est pas une action qui conserve le droit d'appeler, si l'on n'est plus dans les délais légaux.

2° *Connexité.* — La loi ne dit pas en matière de réglement de juges, ce qu'elle a dit sur l'exception de connexité, au titre des exceptions. Pour qu'il y ait lieu de proposer l'exception de connexité, il faut que les demandes portées devant deux tribunaux différents, soient connexes entre elles, c'est-à-dire, que la solution de l'une dépende de la solution de l'autre. Mais l'affaire doit être entre les mêmes parties, agissant dans les mêmes conditions. L'art. 363 de notre titre n'exige pas ces conditions, il dit seulement : *Si un différend est porté*, ce qui n'implique pas identité dans les deux procès.

Il faut, au reste, appliquer à ce deuxième cas les règles que nous avons posées pour le premier.

3° *Rejet d'un déclinatoire tendant à obtenir le renvoi devant un tribunal du ressort d'une autre cour royale.*

Ce troisième cas est fondé sur les art. 19 et 20 du titre **2** du réglement sur les évocations de 1737.

Une partie est assignée devant un tribunal qu'elle argue d'incompétence ; elle propose devant un tribunal supérieur le déclinatoire pour incompétence ; ce tribunal rejette ses moyens. Les art. 19 et 20 précités accordaient à la partie dont le déclinatoire avait été rejeté, le pourvoi devant la grande chancellerie ou le grand conseil. Quoique les motifs de cet'e disposition n'aient plus, à proprement parler, d'utilité actuelle, la Cour de Cassation a jugé, dans plusieurs circonstances, que les art. 19 et 20 du titre 2 précité, sont encore en vigueur.

4° *Conflit négatif.* — Nous avons fait plus haut la distinction du conflit négatif. Thomine-Desmazures dit avec raison que dans ce cas il n'y a pas lieu de se pourvoir en *réglement*, mais plutôt en *indication* de juges. Inutile de dire qu'il s'agit ici de conflits purement judiciaires.

Devant quelles autorités doit être porté le réglement de juges?

L'art. 363 n'est que l'application et le développement du principe suivant : Le réglement de juges doit être porté devant le tribunal supérieur qui exerce la suprématie la plus prochaine sur chacune des juridictions saisies.

L'admission de ce principe ne souffre aucune difficulté, lorsque les deux juridictions saisies simultanément de la connaissance du litige, sont de même degré. Mais que décider dans le cas où ils sont à des degrés différents de l'échelle hiérarchique de juridiction ? Par exemple : quand l'affaire a été portée à la fois devant un tribunal de paix et devant un tribunal civil ?

Dans ce cas nous déciderons, malgré la jurisprudence de la Cour de Cassation, qu'il y a lieu à réglement de juges.

Si les juridictions d'inégal degré ne ressortissent pas de la même autorité, c'est à l'autorité la plus prochaine qu'il appartient de décider.

Dans le cas où, des deux juridictions saisies, l'une exerce sur l'autre une suprématie, comme dans l'exemple ci-dessus, faudra-t-il porter le réglement de juge devant le tribunal civil, ou au supérieur du tribunal civil ? En d'autres termes, doit-on soumettre, en cas pareil, le réglement de juges au tribunal devant lequel l'appel devrait être interjeté ? Nous ne le croyons pas : le tribunal supérieur serait juge dans sa propre cause, ce qui ne peut pas être ; d'ailleurs, les motifs de la loi semblent autoriser à décider que le réglement des juges doit, en pareille occurence, être demandé conformément aux principes généraux posés en cette matière.

De quelle manière forme-t-on et instruit-on la demande en réglement de juges ?

« Sur le vu des demandes formées dans différents tribunaux, dit l'art. 364, il sera rendu, sur requète, jugement portant permission d'assigner en réglement, et les juges pourront ordonner qu'il sera sursis à toutes procédures dans les dits tribunaux. »

Il faut conclure de cet article, que l'assignation directe en réglement de juges est nulle ; mais cette nullité ne nous paraît pas d'ordre public, au moins devant les tribunaux et cours royales.

L'art. 365 est réglementaire ; il traite de la signification du jugement et du délai pour comparaître.

« Si le demandeur n'a pas assigné, il demeure déchu du réglement de juges, sans qu'il soit besoin de le faire ordonner, et les poursuites pourront être continuées dans le tribunal saisi, par le défendeur en réglement. »

Telles sont les dispositions de l'art. 366, ici une question s'élève ; c'est celle de savoir si le demandeur en réglement ayant succombé dans sa demande, est irrecevable à en former une autre ?

Point de difficulté s'il est demandeur en instance principale ; il est évident qu'il est non-seulement déchu du droit de proposer un second réglement de juges, mais encore il est censé avoir renoncé à l'instance principale, qu'il a lui-même engagée.

Mais si le demandeur en réglement se trouve défendeur dans les deux instances, et qu'il ait succombé dans sa demande en réglement faite pour la première de ces deux instances, le rejet de cette demande ne le rendrait pas irrecevable à en proposer une autre sur la seconde instance.

Au réglement de juges, s'appliquent toutes les règles ordinaires de Procédure. Le ministère public doit être entendu. (Art. 83. 4°.)

Plusieurs règles peuvent servir de guide aux juges pour la solution du procès et pour le contenu du jugement.

Si la demande en réglement est rejetée, et qu'en réalité il n'y ait pas de conflit, l'obligation de payer les frais de l'incident incombe au demandeur en réglement , et à lui seul. Pourra de plus le tribunal , le condamner envers les parties, à tels dommages-intérêts qu'il arbitrera.

Si le conflit est reconnu , il peut être positif ou négatif :

Dans le cas de conflit positif, si les deux juridictions ont été bien saisies , ou que leur incompétence ait été couverte, le procès est ordinairement renvoyé devant la juridiction qui , la première en a été saisie , surtout lorsque le défendeur dans la deuxième instance › n'a point procédé volontairement devant la seconde juridiction Dans le cas contraire , les juges peuvent ordonner que la procédure sera continuée devant le tribunal où elle est le plus avancée , et les frais seront réservés jusqu'à fin de cause.

Si le second tribunal est déclaré incompétent , les frais sont à la charge de celui qui l'avait saisi , ainsi que ceux exposés pour le réglement.

Si aucun des deux tribunaux n'est compétent, chaque demandeur supporte les frais devant la juridiction qu'il a saisie. Quant aux frais faits pour le réglement, ils doivent être compensés.

S'il s'agit d'un conflit négatif, et que les deux tribunaux saisis se soient d'office déclarés incompétents , les frais seront réservés.

Si le premier s'est à tort déclaré , d'office , incompétent , les frais seront aussi réservés : les juges seuls sont en faute.

Si c'est à tort, et sur le déclinatoire proposé par la partie adverse , que le tribunal s'est déclaré , d'office , incompétent , la faute en est à la partie adverse , les frais sont à sa charge. Si le déclinatoire a été proposé justement , les frais sont à la charge du premier demandeur.

Quelles sont les voies ouvertes contre le jugement qui statue en matière de réglement de juges? L'opposition , l'appel , dans le cas où ils sont ordinairement recevables. La requête civile et le pourvoi en cassation sont les seules voies par lesquelles on puisse attaquer le jugement rendu par une cour royale , sur une demande en réglement de juges.

Droit Commercial.

LIV. III. TITRE I. — *Des Faillites et Banqueroutes.*

(Art. 437 à 415.)

La matière des faillites et banqueroutes, est une des plus importan-
tes du Code de commerce : il importe donc de l'examiner avec soin.
Mais les bornes imposées à ce travail ne nous permettant pas de traiter
ce sujet aussi longuement que nous l'aurions désiré , nous nous con-
tenterons de poser des principes, et d'en déduire les conséquences les
plus indispensables.

On l'a souvent dit, le crédit est l'âme du commerce : il est peu de
commerçants qui n'y aient recours, et les plus riches en apparence,
ne sont souvent que des commanditaires. Mais une fois le crédit éva-
noui, la perte du commerçant est imminente. Les créanciers sont
victimes de leur confiance.

Pour examiner cette matière, il faut poser plusieurs jalons qui puissent nous servir de guides : en premier lieu, quels sont ceux qui peuvent être déclarés en état de faillite ; en deuxième lieu , pour quelles
causes ; en troisième lieu, ce que doit faire le tribunal devant lequel est
portée une demande en déclaration de faillite ; quatrièmemement , de
quelle manière est-on déclaré en faillite ; cinquièmement , ce que doit
contenir le jugement déclaratif de faillite ; sixièmement enfin , quels
sont les effets immédiats du jugement de faillite.

Reprenons séparément chacun de ces points.

SECTION PREMIÈRE.

De ceux qui peuvent être déclarés en état de faillite.

L'art. 437 du Code de Commerce répond à cette question capitale ? « Tout commerçant qui cesse ses paiements est en état de faillite. » Il faut donc être commerçant pour pouvoir être déclaré en faillite. Un simple particulier ne pourrait être déclaré qu'en cessation de paie_ ments. Il y a même avantage a être déclaré en état de faillite plutô͜t qu'en cessation de paiements. Ainsi, le failli peut, en ayant la majorité des suffrages des créanciers , obtenir un concordat : celui qui est en cessation de paiements ne peut, au contraire, avoir cet avantage , que s'il obtient l'assentiment unanime de ses créanciers.

Un notaire peut-il être déclaré en faillite? Nous ne le pensons pas ; cependant, s'il avait fait des actes réitérés de commerce, il pourrait être poursuivi criminellement.

Quid du commanditaire qui s'est immiscé dans la gestion des affaires de la société? S'il a fait des actes réitérés d'immixtion , on pourrait le déclarer en état de faillite : dans le cas contraire, il n'y aurait pas lieu. La loi, en effet, prononce une punition contre lui; c'est l'obligation solidaire dont il est tenu avec les associés responsables.

Tout commerçant entravé peut être déclaré en état de faillite. Si u[n] négociant a laissé des dettes en souffrance, mais qu'on ne le poursuive que plus tard, pourra-t-on le faire déclarer en état de faillite? Il faut distinguer : si c'est pour des dettes antérieures ou postérieures à la faillite. Dans le premier cas, si plus d'une année s'est écoulée depuis l'époque à laquelle il a quitté son commerce, la demande n'est plus recevable, parce que, d'après le paragraphe 3 de l'art. 437, la déclaration de faillite ne peut être demandée que dans l'année du décès. Le commerçant qui suspend ses paiements pendant un an, est mort au commerce pendant cette année-là.

Si c'est pour des engagements postérieurs, il faut distinguer si les opérations nouvelles impliquent ou non l'intention de reprendre le commerce : dans le premier cas, on pourrait prononcer la déclaration de faillite ; on ne le pourrait pas dans le second.

Le deuxième paragraphe de l'art. 437, fait allusion à une disposition de l'ancienne loi, qui prohibait la demande en déclaration de faillite contre une personne décédée. La loi nouvelle a compris que c'était une sorte d'encouragement donné aux idées de suicide ; et elle a déclaré, que lorsque le commerçant est mort en état de cessation de paiements, on peut faire prononcer sa faillite. Nous savons déjà que ce n'est que dans l'année qui suit le décès, que cette demande est recevable.

SECTION II.

Pour quelles causes un commerçant peut-il être déclaré en état de faillite.

L'art. 437 ne dit pas pour quelle espèce de cessation de paiements, il peut y avoir déclaration de faillite : cette omission a fait naître une grave question.

On s'est demandé si un créancier civil peut, comme un créancier commercial, demander et obtenir une déclaration de faillite contre son débiteur. Sous l'ancienne loi, le droit de faire déclarer la faillite était accordé aux seuls créanciers commerciaux : nous pensons que désormais, il ne faut s'attacher qu'à ce principe, à savoir que tout commerçant, qui ne peut plus administrer doit être déclaré en faillite.

Mais ici une distinction est nécessaire : si le créancier civil est porteur d'un titre exécutoire, en vertu duquel il puisse pratiquer une saisie sur les biens du débiteur, celui-ci pourra être déclaré en faillite ; si, au contraire, il n'y a qu'une obligation qui doive être d'abord sanctionnée par la justice, on ne pourra pas demander la déclaration de faillite.

Que décider dans le cas où il y aurait eu souffrance simultanée d'effets civils et d'effets commerciaux, les créanciers civils pourraient-il, dans le silence des créanciers commerciaux, demander la déclaration de faillite ? Nous ne voyons à cela aucun inconvénient, et nous croyons que les tribunaux de commerce devraient faire droit à cette demande.

Dans ce cas, en effet, ce n'est pas un fait unique qui atteste la déclaration de faillite, c'est un fait complexe, une souffrance générale des dettes.

SECTION III.

De ce que doit faire le tribunal devant lequel est portée une demande en

déclaration de faillite.

On comprend sans peine quelle doit être la circonspection du tribunal de commerce saisi de la demande en déclaration de faillite : les conséquences en sont trop rigoureuses, pour qu'il ne cherche pas à s'entourer de tout ce qui peut l'éclairer à ce sujet. Ainsi, par exemple, lorsque l'obligation n'était pas principale de la part de celui qui ne peut pas payer, ou lorsqu'il y a dol ou violence, il faudrait examiner avec soin le pour et le contre, et tendre toujours à prononcer une peine moindre.

Mais si l'obligation est principale de la part de celui contre lequel on demande la déclaration de faillite, on devrait la déclarer et le plus promptement possible. Car, pour savoir si l'on doit déclarer la faillite, il ne faut pas s'attacher à la solvabilité du débiteur, mais à la cessation de paiements. Un seul protèt peut suffire quelquefois pour faire déclarer la faillite.

Si une demande en déclaration de faillite avait été accordée par une cour royale, que pourrait faire la cour de cassation, dans le cas d'un pourvoi contre le jugement rendu par cette cour royale? Il n'y aurait lieu à cassation que s'il y avait violation ou fausse interprétation de la loi, et si l'on était entré dans des détails, qui sont prohibés par la loi.

SECTION IV.

De quelle manière est-on déclaré en faillite.

On peut être déclaré en faillite de plusieurs manières : 1° sur la demande du failli ; 2° sur la requête de ses créanciers ; 3° sur le jugement prononcé d'office par le tribunal de commerce. Nous diviserons cette section en autant de paragraphes.

§ 1er. — *Déclaration de faillite sur la demande du failli.*

Les art. 438 et 439 se sont occupés du cas. Le commerçant qui ne peut plus marcher, pour nous servir de l'expression usitée, est tenu de faire lui-même la demande en déclaration de sa faillite. Selon nous, ces deux articles, dont la sanction se trouve dans l'art. 456, ne contiennent pas des dispositions heureuses. L'art. 456 dit : « Lorsque le failli se sera conformé aux art. 438 et 439, et ne sera point, au moment de la déclaration de faillite, incarcéré pour dettes ou pour autres causes, le tribunal pourra l'affranchir du dépôt ou de la garde de sa personne. »

Nous ne croyons pas qu'il y ait jamais eu lieu d'appliquer cet art. 456. Quel est le commerçant qui viendra lui-même déposer son bilan devant le tribunal de commerce, et lui dire qu'il ne peut plus suffire à ses engagements ? N'y a-t-il pas plutôt intérêt pour lui à faire croire que la cessation de ses paiements provient d'une cause subite, imprévue et à laquelle il était impossible de parer !

L'art. 438 s'occupe ensuite de la faillite d'une société. Le tribunal que l'on doit saisir de la demande en déclaration de faillite, est celui dans le ressort duquel se trouve le siége du principal établissement de la société. Mais cet article ajoute, que l'on doit déposer au greffe de ce tribunal, une déclaration contenant le nom et l'indication du domicile de chacun des associés solidaires. De cette précision il résulte que les dispositions de cet article, quant au nom et à l'indication du domicile, ne peuvent s'appliquer ni aux sociétés en commandite pour les commanditaires, ni aux sociétés anonymes.

On s'est demandé si une société anonyme peut être déclarée en faillite ? La cour de cassation professe la négative, se fondant sur ce que la société anonyme ayant déjà des administrateurs, il est inutile de lui en donner d'autres dans la personne des syndics. Malgré le respect que nous professons pour les arrêts de la cour suprême, nous croyons qu'elle s'est méprise : une société anonyme peut, selon nous, être déclarée en faillite; car nous posons en principe que la déclaration en faillite est admissible contre tout être réel et moral qui a fait le commerce, et qui ne peut plus suffire à ses engagements.

Une société qui n'aurait pas été publiée peut-elle être déclarée en faillite? La cour de cassation a déclaré que non : selon nous, la solution absolue de cette question est impossible; tout doit dépendre des vues des parties intéressées. Nous croyons qu'avant de prononcer la faillite, il faudrait examiner si l'intention des parties a été ou non de mettre le public dans la confidence de leur association : dans le premier cas, nous déciderions que la faillite peut être prononcée; dans le second, nous adopterions la négative.

§ 2. — *Déclaration de faillite demandée par les créanciers.*

L'associé commanditaire peut-il faire déclarer la faillite de la société?

Les commanditaires peuvent contrôler les opérations de la société dans laquelle ils ont versé des fonds : supposons qu'un commanditaire s'aperçoive d'un déficit considérable dans l'actif de la société; les fonds de la société, les siens, par conséquent, sont en danger : accordera-t-on dans ce cas à cet associé, le droit de demander la déclaration de faillite de la société? Nous ne lui donnons pas ce droit, parce qu'en réalité, il n'est pas créancier; et d'ailleurs, ce qui constitue la faillite, c'est la perte publique du crédit : or, ici, le public a été exactement payé; ce n'est donc que l'associé commanditaire qui a pu se rendre compte du mauvais état des affaires de la société, et le public n'a pas à se plaindre. Il y a plus, nous déclarerions le commanditaire passible de dommages-intérêts envers la société qui aura à souffrir de sa démarche imprudente; car le public, ainsi mis dans la confidence, se tiendra sur ses gardes, et chacun venant réclamer ce qui leur est dû, il peut se faire que la faillite véritable s'en suive.

Un seul créancier pourrait même demander la déclaration de faillite ; car dès qu'il y a intérêt, quand même cet intérêt n'existe que pour un seul individu, la demande en faillite peut être accueillie.

§ 3. — *Déclaration de faillite prononcée d'office par le tribunal de commerce.*

Le tribunal de commerce peut, sur la notoriété publique, provoquer la déclaration de faillite. Telle est la disposition de l'art. 440, qui ajoute que ce jugement sera exécutoire par provision.

Sur cette dernière disposition, on s'est demandé à la charge de qui seront les dépens, si le failli fait opposition ou appel, et que sur cette opposition ou cet appel, on statue qu'il y a lieu de rétracter le jugement?

Quoiqu'il paraisse inique, au premier abord, de les faire supporter au failli, il faut bien reconnaître qu'il ne peut pas en être autrement. En effet, il est évident que les juges n'ont pas cédé à une animosité personnelle en demandant la déclaration de faillite. Les syndics ne sont que des mandataires nommés pour mettre en lumière les affaires de la faillite; on ne peut faire supporter les frais ni aux uns ni aux autres.

Peut-on se prévaloir en France d'un jugement de faillite prononcé en pays étranger? nous ne le pensons pas ; seulement nous poserons quelques distinctions.

Ainsi, un jugement de faillite est prononcé en pays étranger ; ce jugement nomme des syndics ; ces syndics sont chargés de répondre aux actions des créanciers contre la masse, et ils doivent aussi exercer les actions du failli contre les débiteurs.

Les créanciers français pourront toujours critiquer la déclaration de faillite et la nomination des syndics étrangers, et soutenir que leurs droits hypothécaires sont encore intacts.

Mais les débiteurs du failli, ceux qui doivent à la masse, ne pourront pas repousser l'action des syndics. Il faut admettre que si la personne qui a contracté avec le failli étranger, connaissait son état de faillite, ce serait à ses périls et risques.

SECTION V.

Ce que doit contenir le jugement déclaratif de faillite.

Sous l'empire de l'ancien code de commerce, on distinguait la déclaration de la faillite, de l'ouverture de la faillite ; et cette dernière époque était considérée comme le moment de la cessation de paiements.

L'art. 441 du code de commerce s'occupe de ce cas. Il peut arriver qu'un commerçant soit en état manifeste de cessation de paiements, mais que les créanciers ne demandent que plus tard sa déclaration de faillite. Le tribunal de commerce saisi de la demande, ne peut que déclarer la faillite, sauf à statuer ultérieurement sur le moment de la cessation de paiements, alors que l'interrogatoire aura révélé les circonstances qui peuvent le faire préciser.

L'art. 442 est purement réglementaire ; il prescrit des formalités à remplir pour que le jugement rendu sur la demande en déclaration puisse être connue de tous les intéressés.

SECTION VI.

Les effets immédiats du jugement de faillite.

Déssaisissement du failli de l'administration de ses biens, et circonscription de la masse, tels sont les deux principaux effets du jugement de faillite.

Les dispositions des articles 443, 444, 445 du code de commerce, sont relatives à ces deux effets.

Pas de difficulté, quant au déssaisissement des biens présents ; les créanciers s'en emparent avec les charges qui les grèvent ; mais pour les biens à venir, ils ne peuvent pas être d'hors et déjà placés sous les scellés. Que décider dans le cas où il échouait une succession au failli ; ou bien dans le cas où, après sa faillite, il s'est livré à un commerce à part ? Les biens de la succession et ceux acquis par le commerçant failli , à la suite de cet autre négoce, entreront-ils dans la masse avec leurs charges?

Comment ce gain sera-t-il réparti dans la masse? Les créanciers nouveaux auront-ils des droits à cette masse nouvelle, ou viendront-ils seulement en concours avec les créanciers primitifs?

Sauf les créanciers privilégiés et hypothécaires, en faveur desquels la loi a créé un patrimoine à part, tous les autres créanciers primitifs et nouveaux ont les mêmes droits sur tous les biens quels qu'ils soient de leurs débiteurs. Le jugement déclaratif de faillite crée un patrimoine en faveur de ceux qui étaient créanciers au moment de la déclaration de faillite ; il y ont un privilége exclusif ; quant aux créanciers nouveaux, ils n'ont aucun privilége ; ils ont bien plutôt à s'imputer d'avoir traité avec un failli ; la masse primitive appartient donc exclusivement à ceux qui en étaient créanciers lors de la déclaration de faillite. Quant à la masse postérieure, la répartition en est faite proportionnellement. Mais nous n'admettons les créanciers séparatistes et hypothécaires à concourir dans la seconde masse, que lorsqu'ils ont été payés déjà d'une partie dans la première, qui est leur gage.

Le besoin de hâter la liquidation de la faillite, de maintenir les dividendes aussi forts que possible, a fait admettre l'exigibilité de toutes les dettes du failli et la suspension du cours des intérèts ; ces deux dispositions servent à former la masse et à la circonscrire.

I. *Exigibilité des dettes.*

Le principe de l'exigibilité des dettes se trouve dans le commencement de l'art. 444 qui dit : « Le jugement déclaratif de faillite rend exigibles, à l'égard du failli, les dettes passives non échues. »

Cependant cette exigibilité voulue par la loi dans cette circonstance, n'égalepas l'échéance sous tous les autres rapports.

Elles diffèrent d'abord dans le cas de compensation.

Posons deux espèces qui feront ressortir l'importance et la difficulté de la question : *Primus et Secundus* sont en rapport d'affaire : *Primus* doit 1,000 francs à *Secundus* : *Secundus* lui en devra 1,000 dans un mois. *Secundus* tombe en faillite : Voilà deux dettes, l'une actuellement échue, l'utre exigible à cause de la faillite. Si *Primus* peut compenser sa dette, le jugement déclaratif de faillite ne lui fera rien perdre ; s'il ne peut pas compenser les deux dettes, il devra payer à la masse de la faillite de *Secundus* la somme échue, et ne viendra qu'en concours avec les autres créanciers de cette masse, prendre une part proportionnelle ; l'intérêt de *Primus* est donc évidemment de faire établir la compensation.

Supposons maintenant le cas inverse : *Secundus* doit une somme actuellement échue : *Primus* sera débiteur de *Secundus* dans un mois : *Secundus* fait faillite ; y a t-il compensation ? Il semblerait que oui : le terme, en effet, est en faveur du débiteur.

La cour de cassation n'admet la compensation dans aucune de ces deux espèces; elle admet encore la négative dans le cas suivant:

Ni l'un ni l'autre ne sont exigibles au moment de la déclaration de faillite; elles le deviennent après le jugement.

La cour suprême se fonde sur ces motifs : Le jugement de faillite, dit-elle, amène une saisie arrêt dans l'intérêt de la masse contre les débiteurs de cette masse.

Nous croyons qu'en matière de compensation il faut bien se rendre compte du but des parties; et nous serions d'avis que toutes les fois que, par suite des circonstances, il apparaîtra que l'engagement de l'un n'a été contracté qu'à cause d'un engagement préexistant, en d'autres termes que l'une des parties ne s'est commise avec l'autre que parce qu'elle savait être débitrice de cette autre partie, la compensation devrait être admise, c'est au reste toujours dans ce sens que s'est prononcée la coutume commerciale.

Voyons maintenant une seconde différence relative aux droits de poursuite.

Un individu, porteur d'un titre exécutoire et hypothécaire veut poursuivre les biens du débiteur; ce porteur a une hypothèque sur les biens du failli : peut-il exproprier le failli ? nous ne le pensons pas; la loi ne lui donne que le droit de prendre part au dividende,

Cependant nous admettrions comme valable la poursuite faite dans le cas où l'on ne devait pas, ou ne pouvait pas compter sur une faillite.

Ainsi, un notaire a consenti un acte exécutoire, on le poursuit en expropriation; cette poursuite sera valable; c'est dans ce sens qu'a prononcé la cour de Paris.

Pour résumer en deux mots, nous dirons, que s'il s'agit du commerçant, se produisant comme tel, l'exigibilité n'égale pas l'échéance pour la compensation, sauf les précisions que nous avons faites, ni pour les poursuites.

Mais si c'est un non commerçant qui a fait clandestinement des actes de commerce, nous n'appliquerons pas le principe, parce que dans ce cas, c'est un piège tendu à la bonne foi des créanciers

La loi nouvelle dans son article 444, P. 2° déclare qu'un obligé principal ne doit pas être poursuivi quand un obligé secondaire fait faillite. En cas de faillite d'un obligé principal, les autres seront tenus de fournir caution du paiement à l'échéance réelle, si mieux ils n'aiment payer immédiatement.

2° *Suspension des intérêts.* — Les dispositions de l'art. 445 sont relatives à cette prescription de la loi. Les syndics calculent les capitaux et intérêts, depuis la cessation de paiements, jusqu'à la déclaration de faillite, et ils répartissent les dividendes en conséquence. Les intérêts ne cessent de courir qu'à partir de la déclaration de faillite, parce que alors les syndics s'emparent de la masse.

Ce n'est qu'à l'égard de la masse qu'a lieu cette suspension des intérêts. D'où il suit, que si le failli, par suite d'un concordat, était remis en possession de ses biens, les intérêts courraient de nouveau.

La masse est actuellement circonscrite; l'administration en appartient aux représentants des créanciers, les syndics. Ces conséquences sont consignées dans l'art. 443 par. 2, 3, 4, du code de commerce.

La loi veut que toute action mobilière ou immobilière ne puisse être intentée que contre les syndics. Le failli est dessaisi; il ne peut ni diri-

ger ni suivre aucune action. Mais l'intervention du failli peut être admise par les tribunaux.

Toutes les actions doivent être dirigées activement et passivement
par les syndics. Mais ce principe n'est vrai que pour les actions tendant vers un but pécuniaire : il est plus qu'évident que s'il s'agissait
du'ne action purement personnelle au failli, une demande en sépara-
tion de corps, par exemple, ce serait le failli, et non le syndic, qui
devrait l'intenter ou y défendre.

Droit Administratif.

Juridiction administrative, gracieuse et contentieuse en matière de cours d'eau.

Il n'est peut-être pas, en droit administratif, de matière plus impor-
tante que celle des eaux. Aussi la sagesse du législateur s'est-elle at-
tachée à les réglementer avec le plus grand soin.

Nous avons à traiter ce qui regarde les eaux, quant à la juridiction
à laquelle elles doivent être soumises.

Qu'est-ce d'abord que la juridiction ? Pour bien en comprendre la
définition, nous croyons qu'il faut l'opposer à la compétence.

La compétence, a dit un savant professeur, est la mesure du pouvoir
départi à chaque fonctionnaire public.

Mais à quoi servirait de savoir que telle matière ressort du pouvoir
gracieux, telle autre du pouvoir contentieux, si l'on ne savait pas
quels sont ces pouvoirs, et devant qui l'on doit introduire une instance
selon que la matière est gracieuse ou contentieuse ?

C'est ici que la juridiction nous est d'un grand secours, sans elle,
la compétence serait une nomenclature vide de tout sens. La juridiction est à la compétence, ce que le sang est à l'organisme humain :

enlevez à chacune de ces individualités ce qui la vivifie ; elles périront toutes les deux.

La juridiction, corollaire de la compétence, est, comme elle, gracieuse ou contentieuse.

La première est exercée par les agents administratifs, lorsqu'ils statuent sur des matières gracieuses.

La seconde est le mode d'action du pouvoir contentieux.

Ces préliminaires posés, entrons en matière.

Il y a réglement d'eaux, toutes les fois que des mesures, ayant un caractère de généralité et s'appliquant à tout le cours d'un fleuve ou d'une rivière navigable ou non, ont été prescrites par le pouvoir non exécutif.

Mais on a souvent abusé de cette dénomination de réglements d'eaux. Pour ne pas les confondre, il faut les diviser en réglements d'eaux proprement dits, et en réglements d'eaux auxquels cette qualification a été improprement attribuée. La généralité est le caractère distinctif des premiers : l'individualité d'intérêt, celui des seconds. Le recours gracieux est seul admissible pour les réglements d'eaux proprement dits. Quant aux autres, selon qu'il y a ou non droit acquis, il y a lieu à recours contentieux ou gracieux.

La juridiction gracieuse, relativement aux eaux, est attribuée, selon l'importance ou la généralité de la demande, aux préfets, aux ministres ou au roi.

Nous allons parcourir successivement chacun de ces pouvoirs.

I. *Juridiction gracieuse des préfets.*

Il ne rentre pas et il ne peut pas rentrer dans notre plan, d'énumérer et d'analyser tous les cas dans lesquels peut s'exercer la juridiction gracieuse des préfets.

Les arrêtés réglementaires sur la navigation et sur le flottage, et en général tous les réglements de police, relatifs à la salubrité et à la sécurité publique, sont du ressort du pouvoir préfectoral, avec cette précision néanmoins, que les réglements généraux sur ces matières appartiennent au pouvoir central.

Occupons-nous d'un des cas les plus importants, dans lesquels ait lieu de s'exercer la juridiction gracieuse des préfets. Le préfet peut ordonner la destruction des ouvrages construits sans autorisation, sur les cours d'eaux navigables ou flottables.

Mais l'exercice de ce pouvoir est-il sans contrôle, ou s'il en a, quels sont ses effets? Quelle est l'étendue de ce pouvoir que nous attribuons au préfet? voilà où commence la difficulté.

Il est évident que la solution de cette question ne peut embarrasser que pour ce qui regarde la destruction d'ouvrages, ordonnée sans raison d'urgence ou d'utilité publique. L'ombre de cette raison suffirait, en effet, pour ôter au propriétaire que l'on exproprie, toute faculté de discussion, relativement au plus ou moins d'opportunité de l'ordonnance du préfet, sauf, bien entendu, l'indemnité due à l'usinier, indemnité qui doit être réglée par le jury d'expropriation.

Ainsi, si le préfet, pour ordonner la destruction d'ouvrages construits sans autorisation, n'allègue aucune raison d'urgence ou d'utilité publique, la partie intéressée peut prétendre qu'une longue possession lui a fait prescrire cette autorisation, ou que d'un acte administratif, il résulte pour elle un droit acquis, dont on ne saurait la dépouiller, ou bien que le cours d'eau est sa propriété, et partant qu'elle n'a pas besoin d'autorisation pour en jouir. Dans tous ces cas et d'autres semblables, comme il n'est plus constant en fait que des travaux ont été construits sans autorisation, le préfet ne peut pas ordonner qu'ils soient détruits : il n'a plus de juridiction gracieuse.

Nous croyons, en conséquence, qu'il n'aurait pouvoir pour faire détruire, que dans le cas spécial où l'individu reconnaît qu'il a construit sans autorisation, mais qu'il sollicite, pour un motif quelconque, la faveur de conserver un ouvrage commencé ou achevé.

Le préfet pourrait cependant, sous sa responsabilité administrative, ordonner la destruction, s'il s'agissait d'établissements construits sur des rivières navigables ou flottables. L'intérêt public est ici trop évident pour que l'autorité administrative ne soit pas investie du droit de faire disparaître tout ce qui peut mettre obstacle à la libre circulation.

Ce n'est donc qu'un simple droit de police, lequel ne doit s'exercer qu'avec une très grande circonspection, que nous accordons au préfet, exerçant sa juridiction gracieuse. Inutile de dire qu'il ne doit pas contrarier les principes du contentieux, ni déroger à une règle de compétence des tribunaux civils ou administratifs.

Nous accordons encore au préfet le droit d'ordonner la mise en chômage d'une usine non autorisée.

Quant aux conseils de préfecture, ils excèderaient leurs pouvoirs, en ordonnant la suppression d'ouvrages non autorisés sur un cours d'eau non navigable ni flottable.

II. *Juridiction gracieuse du ministre.*

Le seul ministre compétent en cette matière, c'est le ministre des travaux publics. Aussi, une ordonnance, en date du 22 janvier 1824, a-t-elle déclaré non valable le titre invoqué par un usinier, autorisé par le ministre de la guerre à établir un barrage pour le service d'une usine.

Le ministre fait, comme les préfets, des réglements relatifs à la police des eaux, avec cette précision qu'ils son généraux et s'appliquent à plusieurs départements; quelquefois même à tout le territoire du royaume.

Les réglements généraux pour la police des rivières, quoique approuvés par le ministre, ne devraient être obligatoires pour les particuliers et les tribunaux qu'après avoir reçu la sanction du roi, en conseil-d'Etat, et avoir été revètus par lui des formes usitées pour les réglements d'administration publique. Mais cette règle n'a jamais été observée rigoureusement.

Il est très peu de cas dans lesquels les ministres soient appelés à exercer leur juridiction gracieuse. Ils accordent le droit de construire des ponts sur les cours d'eau non navigables ni flottables, et autorisent les particuliers à construire des ouvrages quelconques dans les rivières navigables ou flottables.

III. *Juridiction gracieuse du roi.*

Nous venons d'esquisser rapidement les différentes attributions accordées aux préfets et au ministre. Nous avons remarqué que les réglements sur les eaux augmentent d'importance et de généralité, à mesure qu'on parcourt l'échelle des juridictions administratives. Ainsi, nous avons désigné les principaux cas dans lesquels les préfets peuvent réglementer la police des eaux : passant ensuite à un degré plus élevé, nous avons vu le ministre rendant des ordonnances plus générales. Mais préfets et ministre, ne peuvent rien sans l'approbation sans la sanction royale ; et leurs décisions ne sont que provisoires et ne confèrent aucun droit acquis. Il convient donc d'examiner dans quels cas le roi prononce lui-même, et quelles sont les matières qu'il prend soin de réglementer.

Mais le pouvoir du roi est différent selon les actes soumis à la juridiction : les uns, il peut les réglementer par de simples ordonnances ; les autres, qui présentent plus de gravité, doivent être examinés en conseil-d'État, et ce n'est qu'après la discussion que le roi prononce.

Considéré sous le premier aspect, le pouvoir du roi consiste dans la déclaration de navigabilité des rivières, et dans des réglements sur la police de la pêche fluviale.

En conseil-d'État, le roi accorde des concessions de moulins et usines sur les cours d'eau navigables ou non : il autorise les prises d'eau dans les rivières navigables ou flottables.

Les réglements d'eau, comme les concessions d'usines, sont préparés par les préfets et par les ministres ; mais ils ne deviennent définitifs qu'après avoir été homologués par une ordonnance royale rendue en conseil-d'État.

C'est aussi en conseil-d'État, que le roi fait les réglements d'administration publique, qui fixent la part contributive du gouvernement et des propriétaires, lorsque les travaux intéressent à-la-fois le gouvernement et les propriétaires d'usines.

Juridiction contentieuse.

Pour la juridiction contentieuse administrative, on doit admettre le même principe que pour les matières contentieuses judiciaires. Il y a deux degrés.

Le premier comprend les ministres, les préfets et conseils de préfecture.

Le second, le conseil-d'État.

1er Degré. 1° Ministres. — Dans le cas où une contestation pendante devant les tribunaux judiciaires ou administratifs donne lieu de rechercher si un cours d'eau est navigable, par qui cette question préjudicielle doit elle être décidée?

Les avis sont partagés à cet égard ; pour nous, nous croyons que la question de navigabilité ou de flottabilité d'un cours d'eau doit être portée devant le préfet qui prend un arrêté d'instruction, e que la décision appartient au ministre, sauf recours au conseil-d'État,

Sont aussi jugées par le ministre, après instruction des préfets, la délimitation du lit des rivières, les difficultés auxquelles peuvent donner lieu l'établissement des bacs et bateaux, l'exécution des ordonnances royales portant concessions d'usines ou de prises d'eau, ou réglement d'eau, pourvu qu'il ne s'agisse pas d'interprèter ces ordonnances.

Le ministre est compétent, pour décider quelles sont les usines qui doivent contribuer aux frais d'entretien d'une digue établie sur une rivière navigable, et pour fixer la quotité de la contribution de chacune d'elles.

II. *Conseils de préfecture.* — Les conseils de préfecture connaissant des contraventions en matière de grande voirie, connaissent des infractions aux réglements sur la navigation en général et sur les chemins de hâlage, et des contraventions spéciales aux réglements spéciaux aux bateaux à vapeur et des accidents occasionnés par l'imprudence ou l'impéritie de ceux qui conduisent ou commandent ces bâteaux.

[2ᵉ DEGRÉ DE JURIDICTION. — CONSEIL D'ÉTAT.

Enfin, au-dessus des ministres, préfets et conseils de préfecture, se trouve le conseil-d'État.

Mais les arrêts qu'il rend n'ont de force qu'autant que le roi, chef du pouvoir exécutif, leur a donné son approbation.

Toutes les décisions de ces divers tribunaux administratifs que nous venons de parcourir, sont sujettes à appel devant le conseil-d'État.

Les cas dans lesquels en matière de cours d'eau, s'exerce la juridiction contentieuse du conseil-d'État, sont trop multiples pour qu'il soit besoin d'en citer des exemples.

Vu par le président de la thèse,

CHAUVEAU ADOLPHE.

Toulouse, Imprimerie de Vᵉ DIEULAFOY, rue des Chapeliers 13.